Luzie-Linn Beeke

Erste Klasse, fertig, los!

Martha und Lalu
kommen in die Schule

Luzie-Linn Beeke

Erste Klasse, fertig, los!

Martha und Lalu kommen in die Schule

Mit Illustrationen von
Marie Zippel

Bei diesem Buch wurden die durch das verwendete Material und die Produktion entstandenen CO_2-Emissionen ausgeglichen, indem der cbj Verlag ein Projekt zur Aufforstung in Brasilien unterstützt. Weitere Informationen zu dem Projekt unter: www.ClimatePartner.com/14044-1912-1001

Penguin Random House Verlagsgruppe
FSC® N001967

1. Auflage 2023
© 2023 cbj Kinder- und Jugendbuchverlag
in der Penguin Random House Verlagsgruppe GmbH,
Neumarkter Str. 28, 81673 München
Alle Rechte vorbehalten
Illustrationen: Marie Zippel
Umschlaggestaltung: Lena Ellermann, Potsdam
Lektorat: Hanna Schmitz
ah • Herstellung: bo
Satz und Repro: Lorenz+Zeller GmbH, Inning a.A.
Druck: Alföldi Nyomda Zrt., Debrecen
ISBN 978-3-570-17960-4
Printed in Hungary

www.cbj-verlag.de

Inhalt

1. Raketenstart für Martha

Martha ist fünf. Nicht mehr lange und sie wird sechs. Genau wie Lalu. Lalu ist Marthas Stoffhase. Sie hat ihn bekommen, als sie ein winziges Baby war, damit er auf sie aufpasst. Jetzt hat Martha schon Schuhgröße 27 und ihre Haare sind länger als Lalus Ohren, aber Lalu passt trotzdem weiter auf sie auf. Er ruft Dinge wie: „Das ist gefährlich!" oder „Mach das lieber nicht!" oder „Dafür sind wir zu klein!"

Aber das kann nur Martha hören. Für alle anderen ist Lalu ein ganz normales Stofftier.

Als sie heute in den Kindergarten kommen, bleibt Martha stehen und kneift die Augen zusammen.

„Was ist los?", fragt Lalu nervös.

Martha blickt auf die Fotowand im Flur. Irgendetwas ist anders als sonst.

„Ist was passiert?", fragt Lalu.

Martha nickt und zeigt auf eine bunte Rakete. Die hing gestern noch nicht da. Es ist die Rakete mit den Fotos der Maxis, die sie zusammen mit Diana, der Erzieherin, gebastelt haben. Marthas und Lalus Foto ist auch dabei.

„Fliegen wir zum Mond?", fragt Lalu.

Martha schüttelt den Kopf. „Im Sommer hebt die Rakete ab und fliegt mit uns in die Schule!"

Und da ist es plötzlich wieder da! Dieses Kribbeln in Marthas Bauch. Dieses merkwürdige, rätselhafte Kribbeln, das nicht weggeht, wenn sie ein Käsebrot isst. Das hat sie schon ausprobiert.

Martha hält ganz still.

„Kribbelt es wieder?", fragt Lalu.

Martha nickt.

„Sollen wir lieber nicht in die Rakete steigen?"

Martha schüttelt den Kopf und drückt Lalus Pfote. Mit der anderen Hand zeigt sie auf die Rakete, aus deren Fenstern die Maxis herausschauen. „Wir fliegen ja nicht alleine!"

Mika grinst extra breit auf seinem Foto, damit jeder seine Zahnlücke sehen kann. Juri hat keine Zahnlücke. Aber eine runde Brille, mit der er ziemlich schlau aussieht. Franco hat dunkle Locken und ist so schlau, wie Juri aussieht – auch ohne Brille. Annabel ist das fünfte

Maxikind. Sie hat so viele kleine Zöpfe, dass Martha sie nicht zählen kann. Es müssen also mehr als zehn sein. Viel mehr!

Lalu sieht auf die Fotos und seufzt. „Ich will, dass Jascha mit uns fliegt!"

Jascha ist der beste Freund von Martha und Lalu. Er ist auch fünf. Aber bis er sechs wird, dauert es noch, deshalb kommt er erst nächstes Jahr zu den Maxis.

„Jascha hat noch alle Zähne", erklärt Martha. Sie auch. Doch bald verliert sie bestimmt ihren ersten Zahn. Martha hätte gerne einen Wackelzahn. Lalu nicht. Er glaubt, dass er dann nur noch Möhrensuppe essen kann, dabei mag er seine Möhren am liebsten knackig.

Lalu kratzt sich am Ohr. „Wenn Jascha einen Wackelzahn hat, darf er auch zu den Maxis?"

Martha nickt und da kommt Jascha in den Flur gestürmt.

„Hast du einen Wackelzahn?", rufen Lalu und Martha gleichzeitig.

Jascha schüttelt den Kopf. „Aber ich habe den hier!" Er schwenkt einen kleinen Traktor durch die Luft. „Sollen wir Bauernhof spielen?"

„Au ja!", ruft Lalu. Bauernhof ist sein Lieblingsspiel.

Als sie gerade alles aufgebaut haben und Jascha zeigen will, was sein Traktor alles kann, steckt Diana ihren Kopf zur Tür hinein und winkt Martha.

„Wir treffen uns in einer Viertelstunde mit den Maxis. Ich rufe euch dann …", sagt sie und ist schon wieder verschwunden.

„Schade, dass ihr gehen müsst", murmelt Jascha. Das passiert in letzter Zeit oft. Immer wenn es am schönsten ist, treffen sich die Maxis. Das Kribbeln in Marthas Bauch wird jetzt zu einem Ziehen. So wie wenn man ein

Pflaster abreißt. Es ist nicht schön, einen Freund alleine zu lassen.

„Wie viel ist eine Viertelstunde?", fragt Lalu. „Kann Jascha in der Zeit einen Zahn verlieren?"

„Hast du wirklich keinen Wackelzahn?", fragt Martha.

Jascha macht den Mund auf, aber seine Zähne sitzen alle bombenfest.

„Wir binden ihm den Mund zu, dann sieht niemand, dass er noch alle Zähne hat", schlägt Lalu vor, doch Martha hat eine bessere Idee.

Sie läuft rüber zu der großen Verkleidungskiste, wühlt ein bisschen darin herum und kommt mit einem Bart zurück. Er hat einen Gummizug und gehört eigentlich zu einem Gartenzwergkostüm. Sie zieht Jascha den Bart übers Gesicht und dann soll er ganz still sitzen, damit sie ihn malen kann.

„Das kitzelt!", brummt Jascha.

„Hab's gleich", ruft Martha.

Als das Bild fertig ist, holen sie einen Klebestift und schleichen in den Flur zur Fotowand. Martha stellt sich auf die Zehenspitzen und klebt das Bild vom bärtigen Jascha auf die Rakete. Zufrieden betrachten alle drei ihr Werk, als Diana plötzlich hinter ihnen steht. Sie staunt.

„Ich wusste gar nicht, dass der Weihnachtsmann auch bald in die Schule kommt."

„Das ist doch nicht der Weihnachtsmann!", ruft Jascha. „Das bin ich!"

„Vielleicht fehlt ihm sogar schon ein Zahn", sagt Martha.

Lalu nickt. „Hinter Bärten verstecken sich oft Zahnlücken!"

Diana lacht. „Dann ist Jascha wohl groß genug, um heute mal einen Schnuppertag bei den Maxis zu machen!"

Jascha, Martha und Lalu hüpfen vor Freude so wild auf und ab, dass Jaschas Bart verrutscht. Aber das macht nichts. Wenn Diana etwas verspricht, hält sie es. Auch dann, wenn man vor Freude seinen Bart verliert. Jascha darf heute mit zu den Maxis!

2. Keine Angst vor Blödbirnen

Jascha ist mächtig aufgeregt, weil er heute mit zu den Maxis darf. So aufgeregt, dass er nach Marthas Hand greift, als sie zum Gruppenraum laufen. Zum Glück hat Martha zwei Hände. Eine für Lalu und eine für Jascha.

Als sie durch die Tür kommen, warten die anderen Maxis bereits im Stuhlkreis.

Franco runzelt die Stirn. „Warum ist Jascha hier? Er kommt doch erst nächstes Jahr in die Schule."

„Jascha macht heute einen Schnuppertag bei den Maxis", erklärt Diana. „So wie ihr kurz vor den Ferien einen Schnuppertag in der Schule macht."

Mika winkt lässig ab. „Ich brauche keinen Schnuppertag. Meine Freunde vom Fußball sind längst Schulkinder. Ich weiß schon alles!"

Annabel springt so schnell auf, dass ihre Zöpfe wackeln wie Lalus Ohren. „Ich auch! Meine große Schwester geht in die dritte Klasse!"

Diana zuckt bedauernd mit den Achseln. „Schade! Dann kann ich das spannende Bilderbuch ja wieder wegbringen …"

„Neeein!", rufen die Maxis im Chor. „Wir wollen es sehen!"

Martha winkt Jascha auf den Stuhl neben sich. Diana sitzt gegenüber.

Das Bilderbuch, das sie mitgebracht hat, heißt: Hurra! Ich bin jetzt Schulkind!

Es ist wirklich ein spannendes Buch! Hinter jedem Bild versteckt sich nämlich ein zweites. In der Schultüte finden sie bunte Wachsmaler und Süßigkeiten. Im Schulranzen sind Hefte und Bücher und im Federmäppchen Buntstifte, eine Schere und ein Radiergummi. Als sie die Tür des Klassenzimmers aufziehen, sehen sie Tische und Stühle, eine Tafel, Regale mit Büchern und einen Lehrer. Und wenn man das Fenster zum Schulhof öffnet, stehen dort eine Rutsche, ein Kletterturm, zwei Schaukeln und Bäume.

Als sie alle Bilder gesehen haben, klappt Diana das Buch zu und verteilt an jedes Kind ein Blatt mit einem großen Herz. Es lässt sich aufmachen, genau wie die Bilder in dem Buch.

„Dahinter malt ihr, worauf ihr euch freut, wenn ihr in die Schule kommt", erklärt Diana und schon stürmen die Kinder zum Maltisch. Alle legen sofort los. Sogar Jascha! Nur Martha nicht. Sie weiß nicht, worauf sie sich freut. Sie war ja noch nie in der Schule.

Lalu macht einen langen Hals und linst rüber zu Mika.

„Alle freuen sich auf die Pause", brummt er. „Ich nicht! Ohne Jascha haben wir niemanden zum Spielen …"

Martha kaut auf ihrer Unterlippe. Das macht sie oft, wenn sie nachdenkt. Als sie zum Fenster hinaus auf den Spielplatz sieht, hat sie eine Idee. „Wir schaukeln!"

Lalu kratzt sich am Ohr. Dann ist er einverstanden. „Schaukeln können wir auch alleine."

Später hält Diana ein Bild nach dem anderen hoch und die Kinder erzählen, worauf sie sich freuen. Annabel und Juri freuen sich, dass sie nebeneinandersitzen, weil sie beste Freunde sind. Mika freut sich, in der Pause mit seinen großen Freunden Fußball zu spielen, und Jascha auf den Schulweg.

„Wenn ich in die Schule komme, gehe ich immer mit Martha und Lalu. Die zwei wissen ja dann, wo es langgeht."

Martha nickt. „Wir üben den Weg bald mit Mama und Papa."

Lalu macht große Augen. „Wir sollen den Weg ganz alleine gehen? Wir sind noch nie alleine irgendwohin gegangen!"

„Deshalb üben wir ja vorher", flüstert Martha ihm zu, und da hält Diana Francos Bild hoch. Die Kinder sehen eine Tafel, die mit lauter Wörtern vollgeschrieben ist.

„Ich freue mich, unserer Lehrerin zu zeigen, was ich schon alles kann", sagt Franco. „Da steht: Franco, Mama, Papa, Oma, Opa und Diana."

„In echt?", fragt Martha.

Diana nickt.

Dann ist Martha an der Reihe. Auf ihrem Bild sind keine Wörter. „Lalu und ich freuen uns auf die Schaukel."

„Laaangweilig!", ruft Mika. „Eine Schaukel haben wir hier auch."

Martha wird rot, aber Diana zwinkert ihr zu. „Die Schaukel in der Schule ist größer, damit kommt man viel höher."

„Noch höher?", murmelt Lalu ängstlich. Aber das hört ja zum Glück nur Martha.

Später spielen Martha, Lalu und Jascha draußen im Sand mit dem Traktor. Ein großer Junge mit einem Schulranzen auf dem Rücken steht vor dem Zaun und starrt sie durch das Gitter an, als wären sie Affen im Zoo.

„Na, ihr Blödbirnen!", ruft er und grinst frech. „Im Sand spielen ist nur was für Babys!" Dann rennt er weg.

„Selber Blödbirne", murmelt Jascha.

Lalu starrt dem Jungen nach. „Sind alle großen Kinder so gemein?" Dann schnappt er nach Luft. „Was machen wir bloß, wenn uns der Junge in der Pause ärgert?"

Martha kaut auf ihrer Unterlippe. Bis ihr plötzlich wieder einfällt, was Diana über die Schaukel in der Schule gesagt hat. Martha grinst. „Wenn uns in der Pause ein großes Kind ärgert, schaukeln wir so hoch, dass wir es nicht hören können!"

Jascha grinst auch. Dann springt er auf. „Das müssen wir gleich ausprobieren!"

Sie laufen rüber zu den Schaukeln. Martha stopft Lalu in ihr T-Shirt, sodass nur noch sein Kopf herausguckt und sie die Hände frei hat, um sich festzuhalten. Sie schwingt vor und zurück mit den Beinen, und die Schaukel setzt sich in Bewegung.

Jascha steht daneben und stemmt die Hände in die Hüften. „Na, ihr Blödbirnen", ruft er und grinst frech. „Schaukeln ist was für Babys!"

„Das habe ich genau gehört", brummt Lalu.

„Wir sind ja auch nicht hoch genug", sagt Martha.

Je mehr Schwung sie holt, desto kleiner wird Jascha. In Marthas Bauch kribbelt es. Aber das Kribbeln kennt sie. Es sitzt ganz tief im Bauch und kommt immer dann, wenn die Schaukel von oben nach unten saust. Martha sieht, wie sich Jaschas Mund bewegt, aber hören kann sie ihn nicht.

„Uuiiii!", quietscht Lalu und seine Ohren flattern im Wind.

Jascha grinst immer noch frech. Es sieht aus, als würde er prima Beleidigungen rufen, aber der Fahrtwind verschluckt sie alle.

„Es funktioniert!", jubelt Martha und lässt die Beine hängen, damit sie langsamer werden.

Jascha hüpft plötzlich aufgeregt auf und ab.

„Beeilt euch doch", ruft er, als sie ihn endlich wieder verstehen können. „Es gibt Kakao!"

Jetzt kichert sogar Lalu. Kakao ist doch keine Beleidigung! Kakao ist lecker!

3. Freundliche Ferkel und gefährliche Löwen

Nach dem Kindergarten stehen immer viele Eltern vor dem Tor. So viele, dass die Kinder nur Beine und Füße sehen. Aber Martha erkennt Papa trotzdem sofort an seinen leuchtend grünen Turnschuhen.

„Wie war's im Kindergarten?", fragt Papa.

„Schön", ruft Lalu. „Wir haben geschaukelt und Jascha hat uns beleidigt, weil er unser Freund ist!"

Martha erzählt von dem spannenden Bilderbuch, das Diana mitgebracht hat. „So eins will ich auch!"

„Ihr habt ein ganzes Regal voll mit Bilderbüchern", sagt Papa. „Ich glaube, da ist kein Platz für noch mehr."

Zu Hause laufen Martha und Lalu gleich ins Kinderzimmer.

„Wir haben wirklich viele Bücher", sagt Lalu, als sie vor dem Regal mit den Büchern stehen.

Martha nickt. „Mehr als Annabel Zöpfe hat!"

Dann nimmt sie das Bilderbuch von dem kleinen Zoo-Elefanten, der ganz alleine nach Afrika fliegt und dort jede Menge neue Freunde findet, und setzt sich mit Lalu auf den Teppich. Das ist ihr Lieblingsbuch. Lalu findet es zu aufregend. Er rümpft die Nase, als Martha das Buch aufschlägt.

„Die Nashörner sind wütend und die Giraffen eingebildet!"

„Du kennst sie doch gar nicht", sagt Martha, und da kommt das Bild mit den Löwen.

Lalu hält sich die Augen zu. „Löwen sind gefährlich! Sie brüllen!"

Martha blättert schnell um. „Du kannst wieder gucken. Sie sind weg."

Lalu blinzelt vorsichtig hinter seinen Pfoten hervor. „Die großen Kinder schreien bestimmt laut wie die Löwen", keucht er. „So laut, dass wir sie selbst auf der Schaukel noch hören."

Martha weiß nicht, was sie dazu sagen soll, aber weil Lalu immer noch ganz zittrig ist, steht sie auf und holt das Buch vom Bauernhof. Das ohne Text. Das ist Lalus Lieblingsbuch. Als Martha ihm das Buch auf den Schoß legt, seufzt er erleichtert und blättert zufrieden durch die Seiten.

„Ferkel brüllen nicht. Die grunzen nur freundlich", murmelt er und streichelt über das Bild.

Martha findet die Ferkel auch süß. Aber auf dem Bauernhof waren sie schon oft. In Afrika oder in einer Rakete waren sie noch nie. Und schon fühlt sie wieder das merkwürdige Kribbeln. Martha hält ganz still. Ist da ein Kitzeln?

„Vielleicht macht es Spaß, neue Planeten und Länder zu entdecken", überlegt sie laut.

Lalu hebt den Kopf und sieht sie streng an. „Löwen und Außerirdische sind nicht witzig! Sie sind gefährlich!" Dann vertieft er sich wieder in sein Bilderbuch.

Martha seufzt. Es ist nicht leicht herauszufinden, was ein rätselhaftes Kribbeln zu bedeuten hat, wenn der beste Freund ein Angsthase ist. Ob Papa auch manchmal so ein Kribbeln hat? Oder einen Freund, der sich immer Sorgen macht?

Martha schleicht sich in die Küche zu Papa. Der sitzt am Tisch vor seinem Laptop und arbeitet.

Martha klettert auf den Stuhl neben ihm und spielt mit dem Pfefferstreuer. „Du, Papa?"

„Mmm", macht Papa.

„Kribbelt es manchmal in deinem Bauch?"

„Nur wenn ich Hunger habe", murmelt Papa und schiebt Martha den Teller mit den Apfelstücken rüber. Dann tippt er weiter auf seinem Computer herum.

Martha nimmt sich ein Stück. Der Apfel schmeckt gut. Aber das Kribbeln bleibt. „Hast du auch einen Freund, der sich oft Sorgen macht?"

„Warum?", fragt Papa, ohne die Augen vom Bildschirm zu nehmen. „Hast du so einen Freund?"

Martha beugt sich zurück und sieht in den Flur. Die Tür zu ihrem Zimmer ist offen, also flüstert sie. „Es ist Lalu! Wenn er etwas nicht kennt, macht er sich viele Sorgen."

Endlich blickt Papa von seinem Computer auf. „Kannst du mir ein Beispiel sagen?", flüstert er zurück.

Martha überlegt. Sie weiß, was ein Beispiel ist, aber sie will nicht die Schule nehmen. „Lalu und ich wollen nach Afrika fliegen. Aber Lalu macht sich Sorgen, dass die Löwen uns anbrüllen."

„Afrika …", sagt Papa und kratzt sich am Kinn. Dann hat er eine Idee. „Wie wäre es, wenn Lalu mit jemandem redet, der schon mal in Afrika war. Er fragt alles, was er wissen möchte, und dann muss er sich keine Sorgen mehr machen."

„Machst du das auch so?"

Papa nickt. Er ist Journalist. „Ich suche mir Experten. Stelle ihnen Fragen und mache mir Notizen. Oft sind die Dinge ganz anders, als man denkt."

Papa zeigt Martha seinen Notizblock. Die Seiten sind fast alle vollgeschrieben.

„Lalu kann sich aber keine Notizen machen", sagt Martha.

„Logisch", sagt Papa. „Ein Stofftier kann ja keinen Stift halten."

Martha verdreht die Augen. „Klar kann er das. Er kann bloß nicht schreiben, Papa! Das lernen wir ja erst in der Schule."

Papa schlägt sich mit der Hand gegen die Stirn. „Na klar, ich Dummerchen!"

Martha kichert und Papa hat noch eine Idee. „Ihr macht Aufzeichnungen! Das ist fast wie Notizen, nur dass ihr malt, anstatt zu schreiben. Du kannst gut malen."

„Lalu auch", ruft Martha und zwinkert Papa zu. „Du bist ein Schlauerchen!"

Papa grinst und wühlt auf dem Küchentisch in seinen Unterlagen. Dann zieht er einen leuchtend gelben Hefter hervor. „Den schenke ich dir. Darin könnt ihr eure Aufzeichnungen sammeln."

Martha drückt den Hefter an sich. Er riecht ganz neu. Dann hüpft sie zurück ins Kinderzimmer. Das Kribbeln in ihrem Bauch hüpft auch. „Guck mal, was Papa uns geschenkt hat!"

Lalu sieht von seinem Bilderbuch auf. „Ist das für die Schule?"

Martha schüttelt den Kopf. „Das ist für unsere Aufzeichnungen! Wir malen alles auf, was uns die Experten erzählen."

„Experten?", fragt Lalu.

„Afrika-Experten sind alle, die schon mal in Afrika waren. Und Schul-Experten sind alle, die schon in der Schule waren."

Lalu tippt auf das Bilderbuch. „War der Bauer in der Schule?"

Martha nickt. „Alle Erwachsenen waren als Kinder in der Schule."

In dem Moment klingelt es an der Tür.

„Ist das ein Experte?", flüstert Lalu.

„Bestimmt!", ruft Martha, und dann stürmen sie zur Haustür.

4. Klassenbester im Unfug machen

Vor der Tür steht Opa. Er hat eine Brille und so kurze Haare, dass man sie fast nicht sehen kann. Er trägt immer Jeans und hat ein freundliches Gesicht.

„Oma schickt mich zum Bäcker", sagt er. „Ich dachte, ihr wollt vielleicht mit."

Martha und Lalu springen vor Freude in die Luft. Wenn sie mit Opa zum Bäcker gehen, bekommen sie immer eine Zimtschnecke! Martha zieht schnell ihre Schuhe mit den Klettverschlüssen an. Schleife binden muss sie noch üben. Dann hüpft sie mit Lalu vorneweg und Opa schlendert hinterher.

Auf dem Weg treffen sie Frau Kowalski. Frau Kowalski ist klein und rund und die Nachbarin von Oma und Opa. Sie zieht einen Trolli hinter sich her, den sie zum Einkaufen mitnimmt.

„Na, Martha, freust du dich auf die Schule?", fragt Frau Kowalski und blinzelt neugierig.

Lalu stöhnt. „Schon wieder diese blöde Frage!"

Seit sie bei den Maxis sind, stellen alle Erwachsenen dieselbe Frage. So wie sie kurz vor Weihnachten fragen, ob man sich auf die Geschenke freut. Geschenke hat Martha schon oft bekommen, aber in der Schule war sie noch nie. Woher soll sie wissen, ob sie sich freut?

Frau Kowalski stützt sich auf ihren Trolli und sieht Martha erwartungsvoll an.

Martha räuspert sich. „Vielleicht freue ich mich später. Ich muss erst noch mit ein paar Experten sprechen."

Frau Kowalski nickt. „Heutzutage gibt es die ja für alles!"

Dann macht die Nachbarin plötzlich große Augen. Ein Hund rennt auf sie zu. Ein riesiger Hund! An dem Hund hängt eine Frau dran. Sie hält die Leine in der Hand und ist ganz rot im Gesicht.

„Bei Fuß, Nero!", keucht sie.

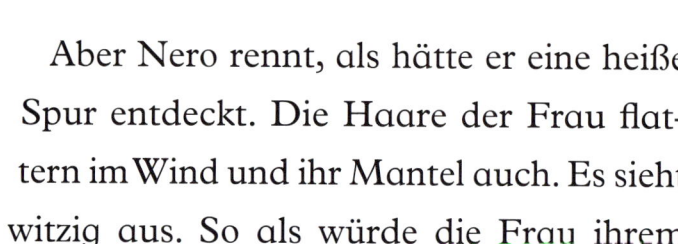

Aber Nero rennt, als hätte er eine heiße Spur entdeckt. Die Haare der Frau flattern im Wind und ihr Mantel auch. Es sieht witzig aus. So als würde die Frau ihrem Hund hinterherfliegen wie Superman.

„Himmel", murmelt Frau Kowalski, als die zwei an ihnen vorbei jagen. „Das Tier gehört dringend in die Hundeschule, damit es lernt, auf Kommandos zu hören!" Dann verabschiedet sie sich kopfschüttelnd zum Supermarkt.

Lalu sieht ihr nach. „Müssen wir in der Schule auch Kommandos lernen?"

„Glaube ich nicht", sagt Martha.

„Ich schon", sagt Lalu.

Und da fällt Martha plötzlich ein, dass sie ja mit einem Experten unterwegs sind. „Hat dein Lehrer dir früher Kommandos gegeben, Opa?"

Normalerweise muss Opa immer nachdenken, wenn Martha ihn fragt, wie es war, als er noch ein kleiner Junge war, weil das ja schon so lange her ist. Aber dieses Mal nicht.

„Und ob!", ruft Opa laut. „Wie ein alter General! ,Sitz gerade! Albere hier nicht rum! Schreib ordentlich!'"

Lalu nickt, als hätte er das längst gewusst, und Martha wundert sich, wie schnell Opa sich erinnert hat. „Hast du auf die Kommandos gehört?"

Opa beugt sich zu ihnen hinunter und zwinkert verschwörerisch. „Wenn der Lehrer in die Klasse geguckt hat, waren wir alle ganz brav", flüstert er. „Aber wenn er sich zur Tafel umgedreht hat, dann war was los."

„Was denn?", flüstert Martha zurück.

Opa grinst. „Wir hatten so Blasrohre, durch die man Papierkügelchen oder Erbsen schießen konnte. Aber wir durften uns nicht erwischen lassen, sonst mussten wir in die Ecke."

Martha macht große Augen. „Hast du oft in der Ecke gestanden?"

Opa zuckt mit den Schultern. „Entweder das, oder ich habe neben dem Lehrer gesessen."

Martha staunt schon wieder. „Ich darf in der Schule neben dem Lehrer sitzen?"

„Nur wenn du genug Unfug machst!"

„Dann warst du wohl ziemlich gut im Unfug machen", stellt Martha fest.

Opa zieht seinen Bauch ein, streckt die Brust raus und lächelt. „Ich will mich ja nicht selbst loben … Aber darin war ich Klassenbester!"

In der Bäckerei reicht die nette Verkäuferin Martha eine Zimtschnecke über den Tresen.

„Wir hätten gerne zwei!", sagt Martha.

„Zwei?", fragt die Verkäuferin erstaunt.

Martha nickt. „Opa bekommt heute auch eine. Er war Klassenbester!"

„Herzlichen Glückwunsch", sagt die Verkäuferin, als sie Opa die Zimtschnecke überreicht. „Die schenke ich Ihnen!"

Und dann lachen alle, weil Opa ein bisschen rot wird.

Als sie wieder zu Hause sind, spitzen Martha und Lalu die Buntstifte. Dann setzen sie sich an den kleinen Tisch im Kinderzimmer, um ihre allererste Aufzeichnung zu machen. Sie malen eine Klasse voller Kinder. Ein paar von ihnen verstecken Blasrohre hinter dem Rücken. Vor den Kindern steht ein alter General mit einem großen offenen Mund. Als das Bild fertig ist, gehen Martha und Lalu zu Papa, damit er ihnen das Bild locht. Sein Locher ist so groß und schwer, dass Martha ihn noch nicht bedienen kann.

Papa tippt auf den kleinen glatzköpfigen Mann, der neben dem Lehrer steht. „Der sieht ja aus wie Opa, nur kleiner."

„Als Opa noch zur Schule gegangen ist, war er ja auch kleiner", erklärt Martha.

„Und was hängt um seinen Hals?"

„Eine Medaille! Opa war Klassenbester im Unfug machen!"

Als Papa grinst, kribbelt es in Marthas Bauch. Sie hält ganz still. Es ist ein neugieriges Kribbeln. So klein und

neugierig wie ein Vogel, der gerade aus dem Ei geschlüpft ist.

„Vielleicht werden Lalu und ich auch Klassenbeste",
flüstert Martha. Sie flüstert es extra leise, damit das
kleine Kribbeln nicht aus dem Nest fällt.

„Dann müsst ihr ja nur noch herausfinden, worin ihr
die Besten seid", flüstert Papa zurück und zwinkert
Martha zu.

5. Ein Berg voller Zimtschnecken

Im Kindergarten sitzt Martha auf der Bank vor den Kleiderhaken und zieht ihre Schuhe aus. Lalu sitzt neben ihr und sieht zu, wie sie erst die Klettverschlüsse an ihrem linken Schuh aufzieht und dann am rechten.

Da kommt Mika reingestürmt. Er zieht seine Schuhe aus, ohne sie vorher aufzumachen. Blitzschnell ist er in seine Hausschuhe geschlüpft. „Ihr seid lahme Enten!", ruft er und rennt zum Gruppenraum, in dem Diana bereits wartet.

„Klassenbeste im Schuhe ausziehen werden wir schon mal nicht", murmelt Lalu, als er mit Martha an der Hand zu den Maxis geht.

Diana hat buntes Papier mitgebracht. Martha und Lalu bekommen Orange, Annabel Gelb, Franco Rot, Mika Blau und Juri Grün.

„Wir schneiden das Papier in Streifen", erklärt Diana. „Genau an den gestrichelten Linien entlang. Daraus basteln wir dann eine Girlande für euer Abschiedsfest!" Sie zeigt den Kindern eine bunte Kette aus Papierringen und legt die Bastelscheren auf den Tisch. „Kann ich euch alleine lassen?"

„Logo", rufen die Maxis. „Wir sind doch keine Babys mehr!"

„Logo", sagt Diana. „Wer fertig ist mit den Streifen, darf spielen gehen."

Franco greift als Erster nach den Scheren und fängt sofort an zu schneiden.

„Wir müssen uns beeilen", flüstert Lalu. „Dann werden wir die Besten im Streifen schneiden!"

Aber schnell sein und gleichzeitig genau auf der gestrichelten Linie schneiden ist gar nicht so leicht, stellt Martha fest.

„Fertig!", ruft Annabel so plötzlich, dass Martha zusammenzuckt. Ihr Streifen kriegt einen ordentlichen Zacken. Annabel klettert auf ihren Stuhl und lässt einen Papierflieger steigen. Er segelt elegant durch die Luft, macht einen Looping und landet auf dem Regal mit den Bastelsachen.

„Darf ich den haben?", ruft Juri.

„Nein, ich! Ich!", schreit Mika und dann rennen sie los.

Aber Annabel ist schon da. Sie holt ihren Flieger aus dem Regal und ruft: „Der ist für unsere neue Lehrerin, damit sie staunt, was ich schon alles kann!"

„Ich will auch einen Flieger für meine Lehrerin", sagt
Juri. „Hilfst du mir?"

Annabel nickt. Sie macht die besten Flieger im ganzen
Kindergarten.

Mika zuckt mit den Schultern und schreibt Zahlen auf
sein Papier.

„Da steht hundert plus hundert gleich zweihundert",
sagt er. „Ich kann nämlich schon rechnen!"

„Diana hat doch gesagt, dass wir Streifen schneiden
sollen", sagt Martha.

„Das sagst du bloß, weil du nicht rechnen kannst", ruft Mika.

„Und keine Papierflieger basteln", ruft Annabel.

Franco ist ganz fertig mit seinen Streifen. Sie sehen toll aus. Er hat genau an der gestrichelten Linie geschnitten und auf alle Streifen seinen Namen geschrieben. Martha hat erst zwei Streifen geschafft, aber sie sind zackiger als Francos.

Juri grinst. „Die Lehrerin wird staunen, was du alles nicht kannst!"

Martha nimmt ihre Streifen und stopft sie schnell in die Tasche.

„Sind wir schon fertig?", fragt Lalu. „Können wir jetzt mit Jascha spielen?"

Martha nickt.

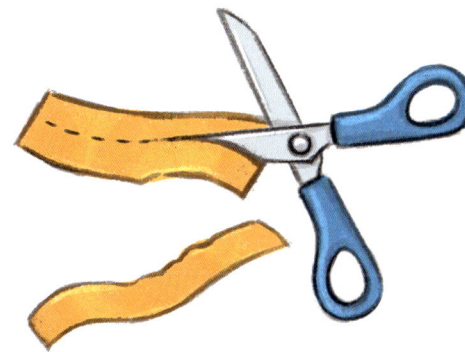

Martha und Lalu finden Jascha in der Bauecke. Er sortiert Bauklötze, weil er einen Turm bauen will. Martha und Lalu helfen ihm. Als ihnen der Turm bis zu den Knien reicht, sagt Martha: „Mein Opa war Klassenbester im Unfug machen!"

„Cool", sagt Jascha.

Als ihnen der Turm bis zum Po geht, erzählt Martha, dass Mika Klassenbester im Rechnen wird, Annabel Klassenbeste im Papierflieger falten und Franco Bester im Wörter schreiben.

„Cool", sagt Jascha.

Als ihnen der Turm bis zur Schulter geht, sagt Martha: „Alle sind die Besten, nur Lalu und ich nicht …"

„Nicht cool", sagt Jascha.

Dann sagt keiner mehr was, weil sie sich konzentrieren müssen, damit der Turm nicht umfällt. Er ist jetzt so hoch, dass Martha sich auf einen Stuhl stellen muss.

Jascha und Lalu geben ihr die Bauklötze. Als Martha den letzten Bauklotz auf den Turm stellt, kommt Diana herein.

Sie macht große Augen. „Wow! Das ist der höchste Turm, der jemals in dieser Bauecke gebaut wurde!"

Martha klettert vorsichtig von ihrem Stuhl. Sie hat gar nicht gemerkt, wie schnell der Turm gewachsen ist. Immer mehr Kinder kommen, um das riesige Bauwerk zu bewundern.

„Lalu und du, ihr werdet Klassenbeste im Turm bauen", ruft Jascha.

Martha grinst, aber Mika schüttelt den Kopf. „In der Schule gibt es doch gar keine Bauecke!"

Martha fühlt sich, als hätte Mika ihr in den Bauch geboxt. Sie hockt sich vor den Turm und hätte Lust, ihn umzuschmeißen. Sie müsste nur das Bein ausstrecken und ihm mit dem Fuß einen kleinen Stoß verpassen.

Jascha setzt sich neben sie. „Soll ich dir ein Geheimnis verraten?", flüstert er.

Martha zuckt mit den Schultern.

Jascha beugt sich dichter an ihr Ohr. „Die Lehrerin mag keine Besten-Kinder!"

„In echt?", fragt Martha.

Jascha nickt. „Wenn die Kinder schon alles können, muss sie ihnen nichts beibringen und dann verdient sie kein Geld!"

Martha reißt die Augen auf. „Ohne Geld kann sie sich überhaupt nie eine Zimtschnecke kaufen!"

„Wie schrecklich", keucht Lalu.

Jascha nickt wie die Experten in Mamas und Papas Nachrichten-

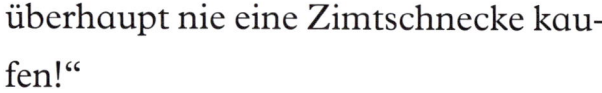

sendung. „Deshalb mögen Lehrerinnen und Lehrer Kinder, die noch nicht alles können."

Lalu strahlt. „Wir können ganz viel nicht!"

Martha springt auf. „Wir können noch nicht rechnen und nicht schreiben. Wir können keine guten Streifen schneiden und keine Papierflieger falten", zählt sie auf. „Wir können noch kein Rad schlagen, noch nicht richtig Schleife binden und lesen auch nicht ..."

„Ihr seid die Besten im Nicht-können!", ruft Jascha.

Martha stürmt mit Lalu zum Maltisch, um ihre Aufzeichnung zu machen. Jascha sitzt neben ihnen und sieht

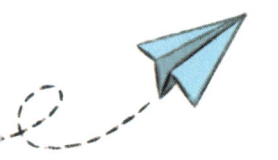

zu. Lalu malt eine Lehrerin. Sie lacht und sieht aus wie Diana. Martha malt eine Schleife und Zahlen und Bücher und einen Papierflieger und überhaupt alles, was sie noch nicht können. Als sie fertig sind, läuft sie mit dem Bild zu Diana. Jascha rennt ihr hinterher.

„Guck mal, was wir alles noch nicht können!"

Diana zieht überrascht eine Augenbraue hoch. „Das ist aber eine ganze Menge."

Jascha nickt aufgeregt. „Im Sommer kann Marthas Lehrerin sich so viele Zimtschnecken kaufen, wie sie will!"

Diana lacht und tippt auf das Bild. „Aber ihr könnt toll malen."

„Verrate das bloß nicht der Lehrerin!", ruft Martha und rennt zurück zum Maltisch. Und dann helfen ihr Lalu und Jascha, einen ganzen Berg Zimtschnecken vor die lachende Lehrerin zu malen.

6. Expertin Elsa kennt einen Trick

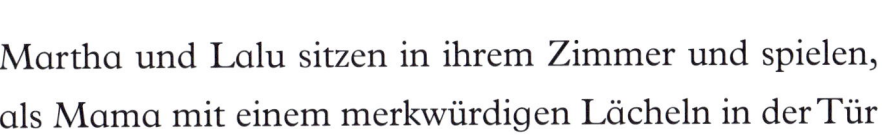

Martha und Lalu sitzen in ihrem Zimmer und spielen, als Mama mit einem merkwürdigen Lächeln in der Tür auftaucht.

„Ich habe einen Überraschungsgast eingeladen", sagt sie und in Marthas Bauch kribbelt es geheimnisvoll.

„Wen denn?", flüstert sie.

Mama grinst. „Elsa kommt gleich!"

„In echt?", fragt Martha.

Elsa wohnt in Marthas Straße, sie geht im Sommer schon in die dritte Klasse. Außerdem geht sie zum Tanzen und zum Gitarrenunterricht und deshalb hat sie oft keine Zeit zum Spielen.

Mama nickt. „Ich dachte, es kann nicht schaden, wenn du mal mit einer jungen Expertin sprichst. Opa ist ja schon ein ziemlich alter Experte."

Als es klingelt, machen Martha und Lalu die Tür auf.

Elsa hat einen tollen Schulranzen auf dem Rücken. Er
ist blau und grün und türkis wie das Meer. Durch die
Wellen schwimmen Delfine.

„Delfine sind nette Tiere", flüstert Lalu. „Sie lächeln
immer!"

„So ein schöner Ranzen", ruft Mama und zwinkert
Martha zu. „Sollen wir Elsa fragen, ob du mal hinein-
sehen darfst?"

Martha schüttelt den Kopf. Sie weiß auch so, was in
dem Ranzen ist.

„Willst du ihn mal aufziehen?", fragt Elsa.

Martha nickt.

Mama hält den Schulranzen hoch und Martha steckt ihre Arme durch die Riemen. Da klingelt es schon wieder. Dieses Mal ist es das Telefon.

„Das ist für mich", ruft Mama. Sie läuft ins Wohnzimmer und lässt den Ranzen so plötzlich los, dass Martha drei Schritte nach hinten stolpert. Fast wäre sie umgefallen.

„Ganz schön schwer", keucht sie.

„Wir durften heute unser Lieblingsbuch mit in die Schule bringen, und weil ich mich nicht entscheiden konnte, habe ich alle meine Lieblingsbücher eingepackt", erklärt Elsa.

Sie hilft Martha, den Schulranzen wieder abzusetzen.

„Ist die Schule auch so schwer?", fragt Martha.

Elsa grinst. „Willst du sie etwa auf dem Rücken tragen?"

Martha kichert. Sie stellt sich Kinder vor, die versuchen, ihre Schule auf dem Rücken zu tragen wie Schnecken ihre Häuser. Das sieht witzig aus.

„Nicht mal ein Elefant könnte eine Schule auf dem Rücken tragen!", ruft Martha.

„Aber dafür kann er alle unsere Lieblingsbücher tragen", sagt Lalu, und da hat Martha eine Idee.

Sie läuft ins Kinderzimmer und kommt mit einem kleinen Eimer zurück. Er ist bis obenhin voll mit Malkreide. „Sollen wir malen?"

„Klar", sagt Elsa und dann gehen sie zusammen vors Haus.

Auf dem Bürgersteig kann man prima malen. Lalu malt ein rosa Ferkel und Martha einen Elefanten mit einem großen Schulranzen auf dem Rücken. Was Elsa

malt, kann sie noch nicht erkennen. Vielleicht eine Schule?

„Gehst du gerne zur Schule?", fragt Martha.

„Mmhh", macht Elsa.

„Hast du einen Lehrer oder eine Lehrerin?"

„Eine Lehrerin."

Lalu hebt den Kopf. „Sind Lehrerinnen eigentlich

nett? Haben sie Kuscheltiere im Bett? Können Sie mit den Ohren wackeln?"

Martha zuckt mit den Schultern. Sie weiß nichts über die Ohren von Lehrerinnen.

„Magst du deine Lehrerin?", fragt sie Elsa.

„Voll", sagt Elsa. „Immer wenn ein Kind seinen Radiergummi verliert oder seine Hausaufgaben nicht finden kann, sagt unsere Lehrerin: ‚Da war wohl wieder mal das Schulgespenst da.'" Dann kichert Elsa. „Heute war ihre Kreide verschwunden. Da hat die ganze Klasse gerufen: ‚Das war das Schulgespenst!'"

„Malst du ein Gespensterhaus?"

Elsa schüttelt den Kopf. „Das wird ein Krankenhaus. Wenn ich groß bin, will ich Ärztin werden!"

Martha ist beeindruckt. Ärztin ist ein wichtiger Beruf!

„Ich weiß schon seit der ersten Klasse, was ich mal werden will", sagt Elsa.

„Ich weiß noch nicht, was ich werden will", gibt Martha zu.

„Wir sind erst fünf", brummt Lalu. „Unser Beruf ist spielen!"

„Vielleicht bist du noch zu klein", überlegt Elsa. „Große Kinder wissen ja oft schon mehr."

„Große Kinder sind Blödbirnen", murmelt Lalu. „Sie brüllen laut wie die Löwen und dann müssen wir bis zum Mond schaukeln."

Martha überlegt. „Ärgern dich die Großen manchmal?", fragt sie Elsa.

Elsa zuckt mit den Schultern. „Manchmal." Dann grinst sie plötzlich. „Aber ich habe einen Trick."

„Und welchen?"

Elsa beugt sich vor und zwinkert wie Opa neulich. „Wenn dich in der Pause ein großes Kind ärgert, kommst du zu mir", flüstert sie. „Dann tun wir beide so, als wäre es Luft und schon kriegt es Angst, weil es denkt, dass es unsichtbar geworden ist."

Die beiden Mädchen kichern. Dann muss Elsa leider gehen.

„Ich habe noch Hausaufgaben auf." Sie zieht ihren Schulranzen auf, winkt zum Abschied und hüpft davon.

Lalu und Martha gehen in ihr Zimmer, um ihre Aufzeichnung zu machen.

Als Papa das Blatt locht, staunt er. „Was macht denn das Gespenst da?"

„Es klaut Hausaufgaben, Radiergummis und Kreide!"

„Und was klaut der Elefant?"

Martha kichert. „Der klaut doch nichts. Er trägt alle unsere Lieblingsbücher, weil der Ranzen viel zu schwer ist für mich."

„Das ist schlau!"

„War Lalus Idee", gibt Martha zu.

„Ist das auch ein Gespenst?", fragt Papa und tippt auf den Jungen, der aussieht wie eine Birne.

Martha schüttelt den Kopf. „Er ist eine gemeine Blödbirne. Aber das macht nichts, weil er für mich und Elsa bloß Luft ist."

„Das ist noch schlauer!", sagt Papa.

„War Elsas Idee", sagt Martha.

Als sie das Bild in ihren gelben Ordner heftet, kribbelt es wieder in ihr drin. Dieses Mal kitzelt es wirklich. Martha freut sich, dass Elsa ihr hilft, wenn die Großen sie ärgern. Vor denen hat sie keine Angst mehr.

7. Gespenster, Drachen und Prinzen

Martha und Lalu stehen in ihrem Zimmer vor dem Bücherregal und überlegen, welches Buch sie sich ansehen wollen.

„Wir haben wirklich viele Bücher", sagt Lalu.

Martha nickt und dann zieht sie das Buch von dem kleinen Gespenst aus einem Stapel. Es sieht fast so aus wie das Schulgespenst, das sie neulich zusammen gemalt haben.

Lalu schüttelt den Kopf. „Nicht das! Das ist zu spannend!" Dann wird er plötzlich so weiß wie das kleine Gespenst auf dem Buch. „Meinst du, das Schulgespenst klaut uns auch die Hausaufgaben?", keucht er. „Oder unser Pausenbrot? Oder mich?"

Martha drückt seine Pfote. „Wenn uns das Gespenst ärgert, tun wir so, als ob es Luft ist."

„Aber das ist dem Gespenst doch ganz egal", japst Lalu. „Es ist ja schon unsichtbar!"

Daran hat Martha nicht gedacht. Sie stemmt die Hände in die Hüften und verkündet entschieden: „Wir müssen mit einem Gespenster-Experten sprechen, Lalu!"

„Kennen wir einen Gespenster-Experten?"

Martha nickt. „Sogar zwei!"

„Zwei?", wiederholt Lalu.

„Gespenster sind alt", erklärt Martha.

Und da nickt Lalu und ruft: „Genau wie Oma und Opa!"

Sie rennen in den Flur und Martha zieht ihre Klettverschluss-Schuhe an. Sie sind rot mit kleinen grauen Elefanten und erinnern Martha immer an den Zoo-Elefanten, der ganz alleine nach Afrika fliegt.

Und da hat sie eine Idee. „Sollen wir heute alleine gehen?"

Lalu reißt die Augen auf und schnappt nach Luft. Sie sind noch nie alleine zu Oma und Opa gegangen.

„Und wenn wir uns verlaufen?", japst er.

Martha runzelt die Stirn. Oma und Opa wohnen nur fünf Häuser weiter. „Es geht doch nur geradeaus. Wie sollen wir uns denn da verlaufen?"

Lalu überlegt. „Wir könnten einen Experten fragen."

Martha grinst. „Aber wir wollen uns doch gar nicht verlaufen, du Dummerchen", ruft sie und rennt zu Papa in die Küche. „Lalu und ich gehen Oma und Opa besuchen. Alleine!"

Überrascht sieht Papa von seinem Computer hoch. „Bist du sicher?"

Martha nickt. Ganz sicher. Wenn es der kleine Zoo-Elefant alleine bis nach Afrika geschafft hat, schaffen sie es auch zu Oma und Opa.

Mit Lalu an der Hand hüpft Martha ganz alleine über den Bürgersteig. In ihrem Bauch kribbelt es wie Brause-pulver. Als die zwei durch das Gartentor kommen, sitzen Oma und Opa auf der Terrasse. Oma macht ein Kreuz-worträtsel und Opa liest die Zeitung.

„Seid ihr etwa alleine gekommen?", fragt Oma.

Martha nickt. „Wir sind doch jetzt Maxis!"

Oma lächelt. „Kinder, wie die Zeit vergeht … Jetzt bist du bald ein Schulkind!"

Martha setzt sich mit Lalu zu Oma auf die Bank. „Hattet ihr früher auch ein Schulgespenst, das euch die Hausaufgaben geklaut hat?"

Opa grinst. „Kein Gespenst dieser Welt würde es wagen, deiner Oma die Hausaufgaben zu klauen."

„Klaus!", sagt Oma.

Sie sagt es so, wie Mama „Martha!" sagt, wenn Martha ihre Nudeln mit den Fingern isst.

Dann geht sie ins Haus und kommt mit einem alten Foto zurück. Es zeigt Kinder, die ganz gerade und ordentlich in drei Reihen stehen. Die Mädchen haben Zöpfe und die Jungen alle kurze Haare. Das Foto hat keine Farbe. Nur Schwarz und Weiß und Grau.

Oma tippt auf ein Mädchen mit hellen Zöpfen. „Das bin ich!"

Martha macht große Augen. „Bist du sicher?" Das kleine Mädchen sieht gar nicht aus wie ihre Oma.

Oma lächelt. Dann zeigt sie auf eine Frau mit einem ernsten Gesicht. „Das war meine Klassenlehrerin Fräulein Meyer."

„War deine Lehrerin streng?"

Oma überlegt. „Nur wenn man Fehler gemacht hat. Dann war sie ein echter Drache."

Lalu reißt die Augen auf und stammelt: „Nur ein Fehler und die Lehrerin wird ein Drache?"

„Hast du viele Fehler gemacht?", fragt Martha.

„Fehler", gluckst Opa. „Deine Oma hat schon als Kind keine Fehler gemacht!"

Er sitzt immer noch hinter der Zeitung und deshalb sieht es aus, als würde in der Zeitung stehen, dass Oma keine Fehler macht. Martha findet das lustig. Oma nicht.

„Natürlich habe ich Fehler gemacht! Und ich war nicht so brav, wie du denkst."

„Das wäre mir neu", sagt Opa.

„Ich musste einmal hundertmal schreiben: Ich darf im Unterricht nicht mit meiner Nachbarin schwätzen", sagt Oma stolz.

„Warum?", fragt Martha.

„Na, weil wir im Unterricht nicht reden durften. Es sei denn, wir haben aufgezeigt und die Lehrerin hat uns drangenommen."

„Aber warum reichte denn nicht einmal schreiben?"

„Dann wäre es ja keine Strafe gewesen", sagt Oma. „Wenn wir etwas falsch gemacht haben, haben wir eine Strafarbeit bekommen."

Lalu fällt vor Schreck von der Bank, und Martha starrt Oma mit offenem Mund an.

Die wedelt plötzlich mit der Hand durch die Luft, als würde sie eine Fliege ver-scheuchen. „So was gibt es heute nicht mehr!"

Opa legt seine Zeitung zusammen und steht auf. „Möchtet ihr etwas trinken?"

Martha schüttelt den Kopf. „Aber wir möchten etwas malen!"

Als Opa wenig später mit Stiften und Papier zurückkommt, machen sich Martha und Lalu gleich an die Arbeit.

Oma sieht ihnen zu und kriegt ganz große Augen. „Das Ungeheuer sieht aber gefährlich aus!"

„Das ist kein Ungeheuer. Das ist ein alter Drache", sagt Martha.

Oma schlägt die Hände über dem Kopf zusammen. Opa muss erst seine Brille zurechtrücken, aber dann ist er begeistert.

„Wie der Drache im Märchen!", ruft er, und da ist Martha auch begeistert. Sie hat nämlich plötzlich eine Idee.

„Wenn ich groß bin, werde ich Prinz!"

„Du meinst Prinzessin", verbessert Oma sie.

Martha schüttelt den Kopf. „Ich meine Prinz! Die kämpfen gegen Drachen und auch gegen Gespenster. "

„Dann werde ich Prinzessin", ruft Lalu.

Martha grinst. Lalu wird bestimmt mal eine tolle Prinzessin! Und Prinz Martha wird dafür sorgen, dass kein Schulgespenst ihn klaut.

8. Eine bunte Lehrerin

Martha wacht früh auf. Sie schlüpft aus dem Bett, holt sich das Buch von dem kleinen Zoo-Elefanten, und weil Lalu noch schläft, übt sie mit den Ohren zu wackeln. Dann hat sie eine tolle Idee.

Bevor Martha sich an den Frühstückstisch setzt, verkündet sie feierlich: „Lalu und ich fliegen im Sommer nach Afrika!"

„Afrika???", rufen Mama und Lalu gleichzeitig.

Martha nickt. „Da gibt's Elefanten und die können meinen Schulranzen tragen."

Mama und Lalu sind sprachlos. Martha setzt sich und beißt zufrieden in ihr Marmeladenbrot. „Dann können Lalu und ich alle unsere Lieblingsbücher mit zur Schule nehmen und kein Schulgespenst klaut sie", schmatzt sie.

„Ich glaube nicht, dass es Schulranzen in Elefantengröße gibt", stottert Mama.

Martha zuckt mit den Schultern. „Wir können einen
Experten fragen."

Mama nippt nachdenklich an ihrem Kaffee. Dann
greift sie nach ihrem Handy und wischt darauf herum.

„Handys sind beim Frühstück nicht erlaubt", sagt
Martha streng.

Mama legt das Handy weg und dann hat sie auch
etwas zu verkünden: „Wir fahren heute ausnahmsweise

nicht in den Kindergarten, sondern in die Stadt!"

„In echt?", fragt Martha.

Mama nickt. „Wir sehen
uns zusammen Schulranzen
an."

„Au ja", ruft Martha und
packt Lalu sofort in ihren
Ausflugsrucksack.

Nach dem Frühstück setzen sie sich auf ihre Fahrräder
und fahren los. Mama auf der Straße und Martha und
Lalu auf dem Bürgersteig. Sie fahren zweimal rechts

und dreimal links oder umgekehrt. Das verwechselt Martha manchmal. Dann hält Mama plötzlich vor Marthas neuer Schule an.

„Was machen wir hier?", fragt Martha. „Muss ich heute schon in die Schule?"

Es klingelt. Kurz danach hören sie fröhlichen Kinder-lärm.

„Pause", ruft Mama. „Komm, wir gucken mal!"

Sie schließen ihre Räder ab und gehen einmal um das große Haus herum. Auf der anderen Seite ist der Schulhof. Die Kinder kommen Martha ziemlich groß vor. Sie spielen Fangen und Fußball. Weiter hinten ist sogar ein Spielplatz mit Schaukeln, Rutschen, Klettergerüsten und einer Wippe. Genau wie im Kindergarten, nur größer. Martha versucht, Elsa in dem Gewusel zu finden.

„Ich muss kurz zur Post", sagt Mama und zeigt auf die andere Straßenseite. „Willst du mit oder wartest du hier?"

„Mitkommen!", flüstert Lalu, aber Martha hat Elsa noch nicht entdeckt.

Sie holt Lalu aus ihrem Rucksack und gibt ihn Mama. „Lalu möchte mit. Ich warte hier auf euch."

Mama ist sprachlos. Lalu auch.

„Versprich mir, dass du gut auf ihn aufpasst", sagt Martha streng.

Mama nickt und steckt Lalu in ihre Tasche.

Martha seufzt. „So sieht er doch nichts!"

Dann setzt sie Lalu so in Mamas Tasche, dass er über den Rand gucken kann.

„Bis gleich", murmelt Mama. „Und rühr dich nicht vom Fleck!"

Martha verdreht die Augen. „Ich bin doch kein Baby mehr!"

Lalu und Mama verschwinden in der Postfiliale und Martha geht näher an den Zaun. Auf der anderen Seite lehnt eine Frau. Sie nippt an einer Tasse und sieht den Kindern beim Spielen zu. Als sie Martha entdeckt, lächelt sie. „Hallo!"

„Hallo!", sagt Martha. „Bist du eine Lehrerin?"

Die Frau nickt. Sie ist ziemlich bunt angezogen. Nicht so grau wie die Lehrerin auf Omas Foto.

„Du siehst gar nicht aus wie eine Drache", findet Martha.

„Danke!", sagt die Frau.

„Und welche Kommandos bringst du den Kindern bei?"

„Kommandos?"

„Dafür, dass du eine Lehrerin bist, kennst du dich aber nicht besonders gut aus", stellt Martha fest. „Habt ihr auch ein Schulgespenst, das dir deine Kreide klaut?"

Die Frau grinst. „Wenn meine Kreide weg ist, war es nicht das Schulgespenst, sondern mein Kollege."

„Da wäre ich mir nicht so sicher", sagt Martha. „Schulgespenster sind doch unsichtbar!"

Die Frau kratzt sich am Kinn. So wie Papa manchmal. „Was hältst du davon, wenn du uns morgen mal besuchst?"

Martha überlegt. „Ist gut. Aber ich habe noch keinen Ranzen!"

„Du hast ja dafür einen tollen Rucksack", sagt die Lehrerin. „Ich bin übrigens Frau Witzigmann."

Martha kichert. „Ich bin Martha", sagt sie, und da steht Mama plötzlich neben ihr.

Frau Witzigmann greift über den Zaun und schüttelt ihr die Hand. „Martha würde uns morgen gerne in der Schule besuchen."

„Eine tolle Idee", sagt Mama. „Dann kennt sie sich schon ein bisschen aus, wenn sie nach den Ferien ihren ersten Schultag hat."

„Mama!", sagt Martha, so wie Oma „Klaus!" sagt. „Im Sommer bin ich doch in Afrika."

Martha holt Lalu aus Mamas Tasche und in dem Moment sieht sie Elsa. Sie lacht und winkt! Martha winkt zurück. „Ich gehe jetzt einen Schulranzen aussuchen!"

„Viel Glück!", ruft Elsa und dann läuft sie zurück zu ihren Freundinnen.

Das Geschäft ist nicht weit weg. Als sie ihre Räder abstellen, dreht sich das Kribbeln in Marthas Bauch ganz schnell im Kreis. Heute ist wirklich ein aufregender Tag! Sie betreten den Laden, und da wird Martha schwindelig. So viele Schulranzen! Schulranzen in allen Farben und mit tollen Bildern! Schüchtern geht sie die Regale entlang und dann bleibt sie plötzlich stehen. Der Ranzen, an dem ihr Blick hängt, ist dunkelblau. Durch das blaue Weltall fliegt eine Rakete, vorbei an Sternen, Mond und unbekannten Planeten. Marthas Augen strahlen wie die Sterne vor ihrer Nase.

„Der!", flüstert sie, und da kommt auch schon ein Verkäufer.

Er lächelt. „Das ist wirklich ein sehr schönes Modell!"

„Haben Sie den auch in Elefantengröße?", fragt
Mama.

Und da verrutscht das Lächeln des Verkäufers wie
neulich Jaschas Bart. Es hängt ein bisschen schief in seinem Gesicht, als er sagt: „Leider nein. Wir führen nur
Kindergrößen."

„Könnten Sie uns den Ranzen reservieren?", fragt
Mama. „Wir überlegen noch."

Der Mann nickt und hängt einen Zettel an den Ranzen.

„Was überlegen wir denn noch?", fragt Martha. Sie stehen vor dem Geschäft und Mama schließt die Räder auf.

„Wenn es den Ranzen nicht in Elefantengröße gibt, dann musst du ihn selbst tragen."

Martha kichert. „Aber Mama! Das ist doch ein Ranzen für Astronautinnen, der ist doch schwerelos!"

Mama grinst. „Dann solltest du gleich mal mit Oma und Opa sprechen, ob sie dir vielleicht einen schwerelosen Ranzen zum Geburtstag schenken wollen."

Martha steigt auf ihr Fahrrad und fühlt sich auch ein bisschen schwerelos. Nur Lalu ist eingeschnappt wegen der Sache mit der Schule morgen.

„Wie ist das überhaupt passiert?", murmelt er. „Ich war doch nur eine Minute weg."

Martha zuckt mit den Schultern. Sie hat keine Ahnung, wie das passiert ist, und es ist ihr auch egal. Sie freut sich, dass sie morgen in die Schule geht, und das Kribbeln in ihrem Bauch ist plötzlich leicht wie Zuckerwatte.

 # 9. Eine ganze Klasse voller Experten

Am nächsten Morgen packt Martha ihren kleinen Rucksack und fühlt sich gar nicht mehr schwerelos. Sie ist so nervös, dass sie ihre Brotdose, ihre Trinkflasche und den Pfefferstreuer einpackt.

„Ich glaube nicht, dass der Unterricht so langweilig wird, dass du ihn würzen musst", sagt Papa und stellt den Pfefferstreuer zurück auf den Tisch.

Als sie sich auf den Weg machen wollen, ist Lalu plötzlich verschwunden.

„Geht ruhig", sagt Mama. „Ich suche ihn."

„Ohne Lalu gehe ich nicht!", sagt Martha und verschränkt die Arme vor der Brust.

„Hab ihn", ruft Mama aus dem Kinderzimmer. „Er hatte sich unter der Bettdecke versteckt!"

Papa und Martha stellen ihre Räder vor dem Schultor ab, aber der Schulhof ist leer. Die Kinder sind schon in ihren Klassen. Papa und Martha gehen durch eine riesige Tür und stehen in einem langen Flur.

„Die Türen sehen alle gleich aus", flüstert Lalu. „Wir werden niemals unsere Klasse finden!"

Aber weil fast alle Türen offen stehen, finden sie Frau Witzigmann doch.

„Das ist ja eine vierte Klasse", staunt Papa.

Die Kinder in dem Raum sind alle so groß, dass Martha am liebsten gleich wieder gehen will. Aber da hat Frau Witzigmann sie schon entdeckt. Sie kommt lä-

chelnd in den Flur und sagt Papa, dass er Martha in einer Stunde wieder abholen kann. Papa winkt noch einmal und dann ist er weg. Das geht so schnell, dass Lalu nicht mal Zeit hat, „Nimm mich mit!" zu rufen.

Frau Witzigmann hält Martha ihre Hand hin. „Schön, dass du da bist! Die Kinder freuen sich auf dich."

Martha linst durch die offene Tür. Die Kinder sitzen in einem Stuhlkreis mit Heften in der Hand. Zwei Stühle sind noch frei.

„Das ist Martha. Sie ist heute unser Gast", sagt Frau Witzigmann.

„Hallo, Martha", sagen die Kinder im Chor.

„Hallo ihr", sagt Martha, weil sie nicht weiß, wie die Kinder heißen. Dann hält sie ihren Hasen hoch. „Das ist Lalu. Er sagt auch Hallo!"

„Hallo, Lalu", sagen die Kinder und kichern. Dann setzen sich Martha und Frau Witzigmann auf die freien Stühle. Lalu darf auf Marthas Schoß sitzen.

„In der ersten Stunde sollten die Kinder aufschreiben, was sie über die Schule gedacht haben, bevor sie in die

erste Klasse gekommen sind", sagt Frau Witzigmann.
„Wer möchte uns denn mal vorlesen, was er geschrieben
hat?"

Sofort schnellen eine Menge Arme in die Luft. Frau
Witzigmann nimmt ein Mädchen dran, das Lucy heißt.
„Mein großer Bruder hat mir erzählt, dass es jeden
Tag Hausaufgaben gibt und dass die voll schwer
sind. Meine erste Hausaufgabe war, meine
Schultüte zu malen. Das war gar nicht
schwer und hat Spaß gemacht."

Als Lucy fertig ist, klatschen die Kinder.
Martha klatscht auch. Sie wusste nicht,
dass man in der Schule Applaus bekommt. Lucy darf den nächsten dran-
nehmen. Das nennt sich Meldekette. Wenn
ein Mädchen dran war, kommt danach ein
Junge dran. Lucy entscheidet sich für Karim.

„Mein Opa hat gesagt: ‚Jetzt ist der Spaß
vorbei, Junge!' Und dann hieß meine Klassenlehrerin
Frau Witzigmann und wir sollten alle unseren Lieblings-
witz erzählen, damit wir uns ihren Namen merken. Da
hat mein Opa ein ziemlich dummes Gesicht gemacht.
Ungefähr so …"

Karim macht das Gesicht von seinem Opa nach und
da lachen alle, weil es so komisch aussieht. Sogar Lalu
lacht.

Nach Karim darf Sophie vorlesen: „Meine Eltern
haben mir gesagt, dass ich in der Schule ganz still sitzen
muss. Still sitzen kann ich nicht gut. Aber an meinem
ersten Schultag habe ich still gesessen wie ein Stein, und
nach der Schule bin ich so schnell rausgestürmt, dass ich
meine Mutter umgerannt habe."

Die Kinder lachen. Sophie lacht auch. Dann nimmt
sie Alexandro dran.

„Bevor ich in die Schule gekommen bin, hat mein Vater mir gesagt: ‚Du musst immer machen, was deine Lehrerin sagt!' Und da habe ich voll Schiss gehabt, dass meine Lehrerin sagt, dass ich Senf essen soll. Senf finde ich total eklig."

Frau Witzigmann schmunzelt und dreht sich zu Martha. „Möchtest du die Kinder vielleicht etwas fragen?"

Martha schüttelt den Kopf. „Ich nicht. Aber Lalu hat eine Frage. Er will wissen, ob ihr manchmal Fehler macht."

„Manchmal ist bei mir ziemlich oft", sagt Sophie, und da lachen wieder alle. Aber es ist ein nettes Lachen.

„Und was passiert dann?", fragt Martha.

„Dann werde ich Fehlerdetektivin! Frau Witzigmann verrät uns die Fehler oft nicht. Dann müssen wir sie selbst finden, wie die Detektive."

„Klingt gefährlich", flüstert Lalu.

Aber da ruft Alexandro schon: „Einmal musste mir die ganze Klasse suchen helfen, weil mein Fehler so gut versteckt war!"

Frau Witzigmann nickt. „Ich erinnere mich. Das war später ja sogar der Fehler der Woche!"

„Was ist der Fehler der Woche?", fragt Martha.

„Immer freitags kann jeder, der möchte, einen Fehler vorstellen", erklärt Frau Witzigmann. „Dann stimmen wir ab, welches der beste Fehler ist, und der erste Platz bekommt hausaufgabenfrei."

„In echt?", fragt Martha, und da nicken die Kinder.

Dann meldet sich Lucy. „Gibt es an den neuen Schulen auch den Fehler der Woche?"

Frau Witzigmann kratzt sich etwas ratlos am Ohr. „Um ehrlich zu sein, weiß ich es nicht."

„Ich habe Angst, dass an der neuen Schule alles ganz

anders ist als hier", sagt Sophie. „Da sind wir ja wieder die Kleinen und alle anderen sind größer als wir."

Karim nickt. „Und die neue Schule ist riesig! Hoffentlich finde ich da überhaupt meine Klasse."

Martha versteht, dass die Kinder der vierten Klasse im Sommer fertig sind mit der Grundschule. Dann kommen sie auf neue Schulen. Immer mehr Kinder erzählen von den Sorgen, die sie sich deshalb machen.

Martha hebt zögernd den Arm. Karim nimmt sie dran.

„Mein Papa sagt, wenn ich mir Sorgen mache, weil etwas neu ist, soll ich Experten fragen."

Alexandro schnippt plötzlich ganz aufgeregt mit den Fingern. „Können wir so jemanden einladen, Frau Witzigmann?"

„Das ist eine tolle Idee! Als Hausaufgabe für nächste Woche schreibt ihr alle eure Fragen auf, und ich lade uns einen Gast ein, der sie beantworten kann."

„Martha ist voll schlau!", ruft Lucy, und da kribbelt es in Marthas Bauch. So warm und weich wie Badeschaum.

Als Papa sie abholt, winken die Kinder zum Abschied.

„Sehen wir uns nach den Sommerferien oder bist du in Afrika?", fragt Frau Witzigmann vor der Tür.

Martha hält Lalu an ihr Ohr. Dann nickt sie. „Wir kommen, sagt Lalu."

„Ich glaube, wenn du in die Schule gehst, wartet Lalu besser zu Hause auf dich", sagt Papa.

Frau Witzigmann nickt. „Aber wenn wir Kuscheltier-tag haben, darfst du ihn mitbringen!"

„Es gibt einen Kuscheltiertag?", ruft Martha.

„Es gibt einen Kuscheltiertag und einen Haustiertag und einen Lieblingsdingtag! Wir feiern Karneval und Sportfest und Sommerfest und Weihnachten und Lichter-fest. Wir gehen zusammen ins Kindertheater, ins Museum und in den Kletterwald …"

„Und wann lerne ich Rechnen und Schreiben und Streifen schneiden?"

„Na, irgendwann zwischendurch", sagt Frau Witzig-mann.

Martha grinst. Das Kribbeln in ihrem Bauch kitzelt. Es macht Spaß mit Experten zu sprechen, die sich so gut auskennen.

10. Martha löst das Rätsel

Martha steht mit Lalu vor der Fotowand im Kindergarten und sieht sich die Rakete mit den Fotos der Maxis an. Das Kribbeln in ihrem Bauch hüpft auf und ab. So wie Lalu und sie, wenn sie mit Opa zum Bäcker dürfen.

„Kribbelt es wieder?", fragt Lalu.

Martha nickt. „Mein Bauch freut sich auf Frau Witzigmann, so wie sonst auf Zimtschnecken!"

„Opa ist netter als Frau Witzigmann", murmelt Lalu. „Der nimmt mich immer mit!"

Lalu ist beleidigt, weil er nur am Kuscheltiertag zur Schule darf.

Da kommt Jascha in den Flur gestürmt und schwenkt seinen Traktor. „Sollen wir Bauernhof spielen?"

„Au ja", ruft Lalu, aber Martha schüttelt den Kopf. Ihr fällt nämlich ein, dass sie noch etwas wirklich Wichtiges zu erledigen hat.

„Keine Zeit", ruft sie und rennt an den Maltisch.

Jascha und Lalu setzen sich neben sie und schauen ihr beim Malen zu.

„Was wird das?", fragt Jascha und zupft ungeduldig an Marthas Pulli.

Martha antwortet nicht, weil sie sich konzentrieren muss. Wenn sie etwas vergisst, kaufen Oma und Opa vielleicht den falschen Ranzen.

„Können wir jetzt endlich spielen?", mault Jascha und fährt mit seinem Traktor um das Bild herum.

„Das stört!", sagt Martha streng und schiebt den Traktor weg. Sie will in Ruhe noch zwei Planeten und fünf Sterne um die Rakete malen.

Als sie fertig ist, sind Lalu und Jascha verschwunden. Martha findet die beiden in der Kuschelecke mit einem Bilderbuch über Dinosaurier. Das ist Jaschas Lieblingsbuch. Lalu findet es zu aufregend. Er ist froh, dass die Dinosaurier ausgestorben sind.

Martha setzt sich neben die beiden und legt ihr Bild auf den großen T-Rex. Jascha wirft einen kurzen Blick darauf und schiebt es dann weg.

„Im Sommer hebst du ab und fliegst zur Schule", brummt er. „Weiß ich doch …"

Martha kichert. „Das ist mein neuer Schulranzen!"

Jascha sagt nichts und blättert stumm durch die Seiten.

„Was für einen Ranzen wünschst du dir?", fragt Martha.

Jascha zuckt mit den Schultern. „Weiß ich noch nicht."

„Vielleicht weil du zu klein bist", überlegt Martha. „Große Kinder wissen ja oft schon mehr …"

Jascha schießen Tränen in die Augen. Er zieht die Nase

hoch und wischt sich schnell mit der Hand über die Augen. „Du bist selber klein", schnieft er leise.

Das Kribbeln in Marthas Bauch hüpft nicht mehr. Es zieht. Sie wollte Jascha nicht traurig machen. Vorsichtig legt sie das Bild in Jaschas Schoß und tippt auf die Rakete. „Weißt du, was passiert, wenn ich aus der Rakete ausgestiegen bin?"

Jascha zuckt mit den Schultern, als wäre es ihm egal.

Martha verrät es trotzdem. „Sie fliegt zu dir! Nächstes Jahr bist du auch ein Maxi – dann steigst du in die Rakete!"

„Und was ist mit mir?", fragt Lalu.

Martha setzt Lalu auf ihre Beine und legt einen Arm um Jascha. „Wenn du nächstes Jahr deinen Schnuppertag in der Schule hast, zeige ich dir alles!"

Jascha windet sich aus Marthas Umarmung und breitet die Arme aus, so weit er kann. „Aber ein Jahr ist sooooo lang! Dann habe ich schon einen Bart und du hast längst neue Freunde!" Er lässt die Arme hängen und den Kopf auch.

Martha will ihn trösten. Es ist bestimmt nicht leicht, wenn die beste Freundin eine Astronautin ist und bald abhebt. Plötzlich hat sie eine Idee.

„Warte hier!", ruft Martha und läuft zurück an den Maltisch. Sie faltet das Blatt so, dass es vier Felder hat. In jedes Feld malt sie ein Bild. Es ist fast ein kleines Bilderbuch. Atemlos rennt sie zurück in die Kuschelecke und drückt Jascha das Blatt in die Hand. Sie setzt sich neben ihn und zeigt auf das erste Feld. „Da laufen wir zusammen zur Schule."

„Auf meinem Ranzen sind Dinosaurier", ruft Jascha. „Ich mag Dinos."

„Weiß ich doch", sagt Martha.

Jascha sieht sich die zweite Zeichnung an. „Ist das ein Gespenst?"

Martha schüttelt den Kopf. „Eine Blödbirne! Aber weil wir zusammen so tun, als ob die Blödbirne Luft ist, kriegt sie Angst, dass sie unsichtbar geworden ist."

Jascha kichert und zeigt dann auf das dritte Bild. „Gibt es in der Schule doch eine Bauecke?"

„Das ist bei dir zu Hause", ruft Martha und grinst. „Nach der Schule komme ich dich besuchen."

„In echt?", fragt Jascha.

Martha nickt und tippt auf das letzte Bild. Es ist ein Herz. „Du bist doch mein bester Freund!"

Jascha strahlt. „Darf ich das behalten?"

„Klar", sagt Martha. „Und wenn ich in der Schule bin, schreibe ich eine Geschichte zu den Bildern."

„Schule, Schule, Schule", schimpft Lalu. „Immer nur Schule!"

Als Martha und Jascha Bauernhof spielen, sitzt er stumm wie ein Fisch in der Ecke und rührt sich nicht.

Martha wundert sich, warum Lalu so komisch ist: Bauernhof ist doch sein Lieblingsspiel.

Nach dem Kindergarten ist Lalu immer noch merkwürdig still. In ihrem Zimmer holt Martha das Bilderbuch vom Bauernhof aus dem Regal.

Lustlos blättert Lalu durch die Seiten. Dann pfeffert er das Buch in die Ecke. „Nur blöde Bilder! Ich will auch Lesen und Schreiben lernen!"

Martha staunt. „In echt?"

„Ich will lesen, wenn du in der Schule bist, damit mir nicht langweilig ist", murmelt Lalu. „Oder selbst eine Geschichte schreiben!"

Da versteht Martha plötzlich, warum Lalu so komisch ist. Wenn sie in die Schule kommt, ist er ganz alleine. Sie kaut auf ihrer Unterlippe, bis ihr Blick auf den Eimer mit der Kreide fällt.

„Weißt du, was ich uns zum Geburtstag wünsche?"

„Ist mir egal", brummt Lalu.

„Eine Tafel!", ruft Martha. „Jede Lehrerin braucht eine Tafel!"

Lalu macht große Augen. „Frau Witzigmann kommt zu uns nach Hause?"

Martha schüttelt den Kopf. „Aber ich! Nach der Schule bringe ich dir alles bei, was ich gelernt habe."

Lalus Augen werden noch größer. „Du wirst meine Lehrerin?"

Martha nickt und schiebt ihre Haare hinter die Ohren. „Guck mal, was ich kann", sagt sie und wackelt mit den Ohren.

Lalu grinst. Dann nimmt er Anlauf und springt aufs Bett. Er hüpft so wild auf und ab, wie er noch nie ge-hüpft ist. Fast bis an die Decke.

„Meine Lehrerin kann mit den Ohren wackeln und hat Kuscheltiere im Bett", ruft er und macht einen Salto.

Martha springt zu ihm aufs Bett und dann hüpfen sie zusammen.

Plötzlich steht Mama im Kinderzimmer. „Was ist denn hier los?"

„Lalu freut sich, dass er im Sommer eine nette Lehrerin bekommt!", ruft Martha, und da macht Mama die Tür zu und lässt die beiden toben.

Als Martha und Lalu später nebeneinander auf dem Bett liegen, ist es wieder da. Das große, aufregende und rätselhafte Kribbeln. Martha hält ganz still.

„Kribbelt es wieder?", flüstert Lalu.

Martha nickt. „Du, Lalu", flüstert sie. „Ich glaube, so fühlt man sich als Astronautin, kurz bevor die Rakete startet!"

„Wie denn?", fragt Lalu.

„Wie wenn sich alle Gefühle der Welt in ihrem Bauch treffen."

Lalu staunt. „In echt? Alle?"

Martha nickt.

„Klingt aufregend!", flüstert Lalu.

Martha schließt die Augen. „Aufregend und schön", murmelt sie.

Genau so fühlt es sich nämlich an, wenn man bald ein Schulkind wird. So aufregend und schön wie ein Flug zum Mond oder nach Afrika. So wie Brausepulver, das gleichzeitig nach Schokolade, Zitrone und Pfeffer schmeckt. So wie wenn alle Gefühle der Welt im Bauch zusammen tanzen!

„Hat eine Astronautin auch Kuscheltiere im Bett?", fragt Lalu.

Martha nickt. „Zum Mond fliegen macht doch nur Spaß, wenn zu Hause jemand wartet, dem ich von meinen Abenteuern erzählen kann …"

„Es reicht, wenn du mir Lesen und Schreiben beibringst", sagt Lalu. „Von den Abenteuern kannst du Jascha erzählen."

„Du bist ein mutiger kleiner Angsthase", flüstert Martha in Lalus Ohr.

„Weiß ich doch", murmelt Lalu, und da drückt Martha ihn fest an sich, damit er das Kribbeln in ihrem Bauch auch fühlen kann.

Luzie-Linn Beeke hat bei einer großen Modekette, bei einer noch größeren Bank, als Babysitterin, als Nachhilfelehrerin, als Pfadfinderin, als Telefonistin, als Kaffeekocherin, für eine Filmproduktion und beim Fernsehen gearbeitet. Heute ist sie Grundschullehrerin und schreibt Geschichten über Kinder aller Altersklassen.

Marie Zippel studierte Produktdesign in Darmstadt und war im Anschluss einige Jahre in der Spielwarenbranche tätig. Mittlerweile arbeitet sie als freie Illustratorin und hat sich auf Illustrationen für Kinder spezialisiert. Ihre Bilder entwirft sie am liebsten bei einer guten Tasse Kaffee und einem spannenden Hörbuch.

Entdecken Sie unsere Vorlesewelten!

Liebe Eltern, liebe Vorlesende,

wir freuen uns, dass dieses Vorlesebuch zu Ihnen gefunden hat, und wünschen Ihnen und Ihren Kindern eine wunderbare gemeinsame Geschichtenzeit!

Vorlesen macht stark!

Das gemeinsame Eintauchen in die Geschichten fördert Fantasie und Mitgefühl und vermittelt Kindern Sicherheit und Geborgenheit. Immer!

Vorlesen macht schlau!

Vorlesegeschichten stecken voller Wissen, machen neugierig – und beim Zuhören erweitern die Kinder ganz nebenbei auch ihren Wortschatz. Vorlesen ist der erste Schritt zum Lesenlernen.

Vorlesen ist einfach!

Ganz gleich, ob Sie gerade viel Zeit haben oder wenig, lesen Sie in Ihrem Rhythmus und wie Sie es möchten. Ob Sie das Vorlesen inszenieren wollen oder einfach den Text vorlesen – allein das gemeinsame Erlebnis zählt, beim Lesen, aber auch beim Betrachten der dazugehörigen Bilder.

Vorlesen macht Spaß!

Ob zu festen Zeiten oder zwischendurch im Alltag: Unsere Geschichtenwelten warten auf Sie – und auf die Kinder!

Viele weitere Tipps zum Vorlesen finden Sie auf www.stiftunglesen.de und www.penguin-junior.de

Gemeinsam fürs Vorlesen!

PENGUIN JUNIOR   Stiftung Lesen

Entdecken Sie unsere Vorlesewelten!

Kindergarten Wunderbar
Komm, flieg mit uns
ins Abenteuer!
Ab 4 Jahren, 112 Seiten,
ISBN 978-3-328-30035-9

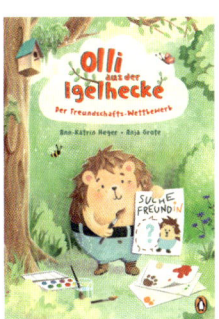

Olli aus der Igelhecke
Der Freundschafts-
Wettbewerb
Ab 4 Jahren, 80 Seiten,
ISBN 978-3-328-30082-3

Fridolina Himbeerkraut
Mein Freund
Schnuffelschnarch
Ab 4 Jahren, 80 Seiten,
ISBN 978-3-328-30002-1

Deine Schutzengel
Hab keine Angst,
wenns's dunkel ist
Ab 4 Jahren, 64 Seiten,
ISBN 978-3-328-30015-1

Krümels Abenteuer
auf der Träumeburg
Ab 4 Jahren, 128 Seiten,
ISBN 978-3-328-30036-6

Gemeinsam sind wir
sternenstark!
Ab 4 Jahren, 128 Seiten,
ISBN 978-3-328-30124-0

So schön
ist die Welt ...
Ab 5 Jahren, 128 Seiten,
ISBN 978-3-328-30016-8

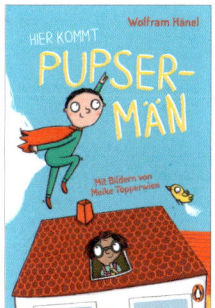

Hier kommt
Pupsermän!
Ab 4 Jahren, 88 Seiten
ISBN 978-3-328-30081-6

Gemeinsam fürs Vorlesen!